DETRAS DE CAMARAS DEL ESPECTACULO DE LA MAGIA EN RESTAURANTES

Un enfoque practico para el mago de cerca que entretiene con magia en restaurantes.

A LOS LECTORES

Las siguientes paginas están dedicadas al apasionante mundo del entretenimiento mágico en restaurantes y locales de expendio de alimentos. Si bien, daré mi punto de vista que el estudio y la experiencia de 20 años trabajando en el rubro me ha demostrado, a cada cual puede funcionarle de manera distinta. Yo contare mi historia, mi manera de pensar y más importante, daré las razones por las cuales he llegado a estas conclusiones. No es un libro de efectos mágicos.Lo que si encontraran son mis sugerencias de la magia que, en mi concepto, mejor aplica para mostrar en un restaurant. Por consiguiente, enlistare los efectos que recomiendo, el orden en que debieran ser presentados y la bibliografía a consultar en cada caso. Espero lo disfruten.

ALIS, JULIETA, NATALIA Y JUAN

PARA LOS AMORES DE MI VIDA

ESTE LIBRO ES PARA USTEDES

HUS&DAD

Introducción

Para mí fue tan divertido y apasionante escribir"Detrás de Cámara del Negocio de la Magia en Restaurantes" - el primer tomo de esta serie - que, durante mi primera conferencia, los asistentes me preguntaban detalles técnicos de la actuación en restaurantes. Desafortunadamente no podía responder extensamente y con detalles ese tipo de preguntas (por cuestiones de tiempo, claro está), pero les dije que mas pronto que tarde haríamos la conferencia acerca de lo que es entretener con magia en locales de expendio de alimentos y bebidas. El mago principiante (y más de lo que imaginaba, el experimentado), cuando le interesa este trabajo, esta inmerso en un mar de dudas que hace que los nervios y la inseguridad lo ataquen por no saber cuales son las directrices a seguir para **presentarse** en un restaurant. Digamos que este mismo mago, leyó mi primer libro. ¡Consiguió una entrevista y logro cerrar un contrato con un ocupado restaurante!¿Y ahora? Ya mañana le toca ir a actuar y no sabe:

- Como vestirse.
- Como manejarse dentro del restaurant y donde ubicarse.
- Como tratar con el personal del restaurant (mesoneros, gerente, etc.).
- Como acercarse a una mesa sin temor a ser rechazado.
- Como retirarse de la mesa con elegancia y estilo.
- Como inducir las propinas.

- Cuál es la selección de magia a utilizar, elaboración del programa mágico variable y como organizar el equipo.
- Tipos de público.
- Situaciones especiales en el restaurant. Consideraciones finales.

Pues, si estas son algunas de tus dudas, este libro está hecho para ti. Aquí no hay conversaciones con otros profesionales acerca de este tópico, tampoco existe el copiar y pegar de otros autores. Aquí solo les relatare mi historia, mi experiencia sobre como hacer magia en restaurantes. Mi estrategia, que ha sido ensayo y error por muchos años, me ha funcionado y espero que a ustedes también.

SUMARIO

SHOWTIME!

CAPITULO 1.

COMO VESTIRSE.

La regla es, que el restaurant, es quien te dirá como deberías vestirte. No porque sea exigencia de ellos, sino por el ambiente en el que esta subsumido: elegante, casual, comida rápida, etc. Así que, al momento de escoger la vestimenta para trabajar en un restaurant entreteniendo con magia, en mi concepto, depende de tres consideraciones:

Estilo. Tu estilo no debe ser negociable. Es tu personaje y así debe ser. Pero deberías tomar en cuenta los siguientes puntos:

Comodidad: La ropa que desees utilizar, debe ser **cómoda**. La jornada normalmente es larga y una ropa muy ajustada u holgada influirá en la cantidad de energía a dedicarle al tiempo de trabajo. De igual manera, dependiendo del tipo de lugar donde trabajes (lugares cerrados o al aire libre), deberías decidir utilizar ropa fresca o abrigada.

Clase. Independientemente de la comodidad que quieras vestir y tu estilo, la ropa que uses debe ser de **vanguardia, moda** y **calidad**. Lo **clásico**, también aplica para este punto. Eres unafigurapública y ante los ojos de la mayoría, un artista. Pues, vístete como tal. No quieres verte "**barato**" al momento de vestirte para actuar en el restaurant. Chequea revistas de moda, busca opciones y combinaciones y cuando tengas ideas en mente de cómo quieres verte, busca la manera de invertir la menor cantidad de dinero en ropa de la mejor calidad. Si te ves bien, la gente querrá saber qué haces ahí y será un punto a tu favor al momento de llegar a una mesa a ofrecer tu entretenimiento.

CAPITULO 2

COMO MANEJARSE DENTRO DEL RESTAURANT Y DONDE UBICARSE.

Una de las cosas en las que creo que hay que poner especial atención, es en cómo manejarse en el restaurant. Esto se refiere a que una vez estás dentro del restaurant, deberías por todos los medios de **no entorpecer** el curso de este. Deberías conocer el restaurant a plenitud, saber dónde está todo (me refiero a baños, entradas, salidas, entrada y salida de la cocina, salidas de emergencia, etc.) y muy importante, cuales son las rutas por las que no deberías poder moverte sin tropezar con el personal. Recuerda que el restaurante tiene una dinámica y la mejor manera de adaptarse a ella es conocer cómo se maneja. Así sabrás por cual lugar moverte y cuáles son los **accesos más fáciles para las mesas**. También es buena idea saber, dónde ubicarte al momento de llegar y presentarte.

Recuerda que quieres que el restaurante vea en ti un aliado y no una carga y molestia. Mientras más conozcas y sepas cómo manejarte sin interrumpir al personal de trabajo mejor van a hacer tus relaciones con ellos. También es ideal buscar un lugar donde poder colocar tus cosas, sin necesidad de pedirle alguien que te lo guarde o que te lo ponga en un lugar seguro. La razón de esto es que no quieres que cada vez que necesites buscar algo (nuevo material o algún efecto mágico extra que no quieras cargar contigo todo el tiempo), deberíastener fácil y rápido acceso a ellos sin **interrumpir** ni **molestar** al **personal**. Además de buscar un lugar donde ubicar tus artículos, también deberías estar claro en ubicar un espacio donde puedas esperar mientras las mesas están listas para ser atendidas. Trata de que sea un lugar poco visible, no quieres verte "**aburrido**" u **ocioso** mientras esperas y que el personal del restaurante no piense que estás perdiendo o consumiendo tu tiempo de trabajo. Recuerda que deberíasesperar el momento apropiado para actuar, y de esto hablaremos en detalle más adelante. En muchas ocasiones, llegaras al restaurante y quizás todas las mesas estén comiendo y no podrás atender a ninguna de inmediato. En estos casos, tu espera (aun habiendo llegado puntual a la hora de tu actuación) puede ser de hasta **20 minutos** y para ello, necesitas un lugar de espera estratégico, es decir, con buena vista panorámica de las mesas y así estar atento,pero sin incomodar a los clientes. Una vez ubicado el sitio para permanecer mientras decides a cuál mesa llegar, podrás abiertamente analizar lo que está ocurriendo tu alrededor y no mostrarte ocioso y mucho menos ser una molestia para el personal del restaurante, aún más, si el restorán en el que en el cual estás trabajando es ocupado. Recuerda que también es muy buena idea aprenderte los números de las mesas (generalmente las organizan por números) porque de esta manera, podrás apoyarte y preguntarle al personal si alguna, o la mesa que te interesa atender, está lista o no para recibirte.

CAPITULO 3

COMO TRATAR CON EL PERSONAL DEL RESTAURANT

En todo caso, el personal del restaurant son tus compañeros de trabajo. Tener unas buenas relaciones con ellos, te darán la oportunidad de desarrollar tu trabajo a plenitud. Son personas con las que tendrás que coexistir mientras efectúas tu jornada. Por ello que te recomiendo aprenderte en la medida de tus posibilidades y lo más rápido posible, sus nombres y así determinar con quien podrás tener más confianza. Recuerda que tu relación con ellos es laboral netamente, así que deberías mantener el respeto y la distancia. Sin embargo, no por lo anteriormente expuesto, vas a dejar de hacer y tener nuevos amigos, pero si debieses estar claro que la mayoría de los empleados ganan mucho menos dinero de lo que tú ganaras haciendo magia en el restaurant y eso, de alguna forma, puede crearles algún tipo de resentimiento o sentimientos encontrados con respecto a ti. Por otro lado, ellos pueden verse **amenazados** al momento de recibir propinas, si ven que te están dando propinas a ti. Mi **recomendación** es mantener la discreción y mantener esta información privada en cuanto a este punto para poder mantener una relación sana, amena y, sobretodo, armoniosa con ellos. Así que, recuerda, discreción y confidencialidad con respecto a las propinas. Particularmente, no recomiendo realizar tareas del restaurante bajo ningún concepto. En algún momento, quizás puedas ayudarlos en una tarea y el personal, realmente lo va a apreciar. Lo que no deberías hacer es hacerlo a menudo porque se haría costumbre que tú hagas las labores de ellos. Pero, por ejemplo, recoger la mesa agrupando los platos para que ellos se les haga más fácil el trabajo y así tú poder trabajar más cómodo, es una buena idea y una buena estrategia. Siempre toma en cuenta las recomendaciones que ellos te dan cuando se trate de dirigirte a una mesa, pero no tiene que ser ley para ti. Es solo una recomendación. Te digo esto porque a veces ellos van a sentir algún tipo de poder sobre ti al momento de indicarte donde quieren ellos que actúes, pero tú tienes que confiar en tu juicio y saber decirles que la mesa no está listao que simplemente "esa pareja no quiere ver magia". Hazlo sutilmente y ellos te entenderán. Recuerda, mientras mejor que sea tu relación con el personal, mejor, más exitoso y más llevadero será tu tiempo allí. Además, tener este tipo de aliados significa recomendaciones inmediatas para contrataciones privadas, lo que te representa dinero. Algo muy importante es que en algún momento te pedirán que les hagas un **efecto mágico.** No deberías negarte nunca, pero si debes buscar el momento apropiado para hacer una demostración. No quieres hacerle demostraciones mientras el restaurant está ocupado. Al contrario, habla con el mánager y le dices que te gustaría hacer una presentación para ellos. Es muy buena idea porque si ellos disfrutan tu trabajo, podrán anunciarte y recomendarte de mejor manera y más convencidos de que tu trabajo les gustara a los clientes. Inmediatamente eso te va a beneficiar. Busca el momento apropiado. No es bueno que, por hacer unos **efectos mágicos** al personal, el mánager te tenga que llamar la atención o te diga que te detengas porque estás interrumpiendo el trabajo de los mesoneros y el curso del restaurant.

Un tema muy importante con respecto al trabajo de los mesoneros y el personal que atiende las mesas es que hay que enseñarlos muy sutilmente a que, si tu no interrumpes su trabajo, ellos no deberían interrumpir el tuyo. Me refiero a que muchas veces, mientras estas haciendo tus rutinas, el mesonero puede irrumpir en la mesa colocando platos y/o vasos, sin importarle lo que esté aconteciendo y muchas veces estropeando tu acto, e inclusive, tus artículos mágicos. Esto es un tema muy delicado porque, al hacerles un llamado de atención de este tipo, las personas pueden sentirse ofendidas y "regañadas" y te puede generar un problema con el mánager o el dueño del restaurant, haciéndoles saber que quien está interrumpiendo el funcionamiento del restaurant eres tú. Esto lo evitas hablando en un principio con el mánager o quien haga sus veces, haciéndole saber que tú te encargaras de instruir a los mesoneros en caso de que ocurra alguna situación. Para evitar esto, mi recomendación es que deberías estar siempre atento a cómo va el curso de la mesa en la que estás trabajando, es decir, siempre pregunta antes de abordar una mesa cuánto le falta para el siguiente platillo. Ellos te dirán amablemente 5, 10, 15 minutos y tu sabrás con confianza cuanto tiempo actuar sin temor a ser interrumpido. Si ves que alguno no está colaborando contigo, con mucha humildad y sutileza dile que ambos son compañeros de trabajo y que lo que menos quieres es molestarlo, que su trabajo es más importante que el tuyo (si, díselo así, en ese momento, es completamente cierto, el entretenimiento es accesorio. No estoy menospreciando tu calidad de artista ni tu trabajo, pero con humildad, definitivamente ganaras más), porque de ellos depende que el restaurant exista y, si no hay restaurant, no hay mago. Se inteligente y dales la importancia que se merecen. Solo deberías explicarle la situación y que lo único que necesitas, es hacer contacto visual con ellos. Muchas veces llegan con las manos cargadas de platos y no los vas a tener cinco minutos esperando. Por esta razón, te recomiendo que la magia (y eso lo hablaremos más adelante), que utilices debe tener la posibilidad de terminar al instante, y si no lo puedes terminar al instante, deberías poderla "cortar" y prometerles a los comensales que regresaras para terminarla. En honor a la verdad, lo único que necesitas es hacer un contacto visual con el mesonero que está llegando. Esa es la señal que deberías arreglar con ellos. Una vez que te den esa señal, que ustedes hagan contacto, ya tú sabes que debes terminar rápidamente el acto para que no tenga que esperar. Además, tenerlo esperando un por un tiempo, resultaría que los platos de comida se enfríen y de seguro que nadie quiere comerse la comida en ese estado. Juega inteligentemente este juego, ser amable con ellos y explicarles todas las situaciones que podrían complicarte tu trabajo. Con seguridad, ellos lo van a entender y te van a ayudar.

CAPITULO 4

COMO ACERCARSE A UNA MESA SIN TEMOR A SER RECHAZADO.

Para la mayoría de los magos principiantes (y muchos de los profesionales también), acercarse a una mesa puede ser motivo de inseguridad, nervios o hasta vergüenza, por saber que pueden ser rechazados. En mi concepto, considero que son **dos aspectos principales** que hay que tomar en cuenta para poder acercarse a una mesa a presentar magia: 1.Esperar que la **mesa esté lista** para recibir a un "extraño" y 2. **Seguridad en sí mismo**. Llegar una mesa donde uno no está invitado, siempre es un problema. Las personas no esperan ver un mago cuando salen de sus casas, así que hay que vendérselo de una forma en la que no puedan decir que no. Comparto la teoría de un gran número magos profesionales de restaurantes que señala, uno no debe preguntar: "¿quieren ver magia?"Esto es una oportunidad directa para que te digan que **no**. Así que es algo que se debe evitar. ¿Cómo saber si la mesa está lista o no? Hay indicadores que te harán notar esta oportunidad. Por ejemplo, entre los cursos de los platos, bebidas y ensalada, ensalada y plato fuerte, plato fuerte y postre, es ideal. Cuando la orden apenas ha sido tomada en un buen momento, sobre todo si las bebidas han sido servidas y así evitas que el personal del restaurant te interrumpa colocando vasos. Ahora bien, tomando en cuenta el público, y esto es importante saberlo, muchas personas no quieren ser interrumpidas por ninguna otra situación que no sean la mínima que el restaurante demande. Hay momentos donde las parejas están conversando de algo importante y en mi experiencia, particularmente, no me acerco a esa mesa (es decir, a las parejas) a menos que me soliciten (esto lo vamos a desarrollar más adelante). El caso es, que para acercarse a una mesa (y esto es a lo que me refiero en cuanto a saber si la mesa esta lista o no), se debe apreciar que las personas las cuales te interesa entretener, no estén envueltas en una conversación íntima o no estén amenamente divirtiéndose entre ellos. No evaluar esa situación, podría resultaren una interrupción, valga la redundancia, invasión de espacio y consiguiente negativa por parte de los clientes por cuanto estarías abordando su intimidad. Lo ideal es **estudiar la mesa y el comportamiento** de los comensales. Algunos buenos indicadores serian, notar que las personas están mirando el techo, inmersos usando los teléfonos celulares, o cuando los niños están inquietos, esos son buenos momentos para acercarse a la mesa. Una estrategia que me funciona es, que usualmente reparto esculturas con globos. Si el restaurante es infantil o familiar, llegar con los globos, fácilmente rompe la línea de la privacidad y, las personas, normalmente van a permitir que tú le entregues el obsequio al niño. Es muy importante hacerle saber al público que los obsequios no tienen ningún costo. No tienes que ser un experto haciendo esculturas con globos, con que hagas tres o cuatro son suficientes. La idea es llegar con las manos cargada de globos y color a la mesa de los niños y, ofrecerles con una buena sonrisa el obsequio de **parte del restaurante,**" **cortesía** de la casa". Cortesía quiere decir que es **gratis** y, nadie se negara a aceptarlo, a menos que por razones individuales a alguna persona no le gusten los globos. Eso hay que tomarlo en cuenta porque es más frecuente de lo que puedes imaginarte. Una vez que te permiten entrar, en el caso del globo, (que no necesitas ninguna otra razón), solamente presentarte con el colorido abanico de opciones para los niños, ellos de inmediato van a preguntarle a sus representantes si pueden tomar uno y tú, con mucho gusto se los vas a entregar, una vez que el representante, o quien haga sus veces, te autorice. Entregando los globos a los niños y, antes de retirarte, le dices tu nombre (si, muchas veces ocurre la rutina de los globos sin haberte presentado por la emoción de los niños) y que trabajas para el restaurante, eres su entretenimiento (otra vez diciendo) "**cortesía de la casa**" y que eres el **mago** del **restaurante,** les dices que en un rato vuelves para hacer una demostración. En este punto, ya abriste la puerta, ya vas a poder llegar en cualquier momento porque el público sabe que estás allí y para ellos. Esto definitivamente es una buena, práctica y directa forma de llegar a la mesa con un gran porcentaje de aceptación. En cuanto al tema de la **seguridad en ti mismo**, considero que es como todo en la vida, una buena sonrisa, bien vestido, oliendo bien, **dominio de tu arte** y carisma es una buena receta. Siempre trata de ser lo más educado posible y los buenos modales en su mejor expresión. Ofrece el entretenimiento presentándote: "Mi nombre es Juan y soy el mago del restorán.¡¡Vengo a hacer una demostración de magia, cortesía de la casa!!". A mí me funciona antes que me digan que no, cuando digo esa línea, y en esta parte "soy el entretenimiento cortesía de la casa", continuo inmediatamente:¿alguna vez han visto un mago de cerca? Las personas se mirarán, se reirán, alguno dirá que sí, otros que no. Lo importante es, que, en este punto, rompiste la barrera y abriste la puerta para poder ofrecer tu magia en la mesa. Una última recomendación. No llegues a la mesa cuando la cuenta esta servida. Por razones obvias deberías saber que no tienes que atender una mesa que ya esta por retirarse y que esta retrasando el curso del restaurant, ya que es muy probable si el restaurant es un lugar ocupado, que necesiten la mesa para atender a otros clientes. Haz otra mesa en su lugar.

CAPITULO 5

COMO RETIRARSE DE LA MESA.

Pareciera que careciera de importancia el retirarse de la mesa a la cual te acercaste ofreciendo tu entretenimiento, pero en mi concepto, considero que la tiene y mucho. Según mi experiencia, la forma mas idónea y profesional de retirarse de la mesa, es con **elegancia y estilo**. Son 3 los supuestos en los cuales podrías retirarte de la mesa: La primera es porque terminaste tu actuación quedando todo el mundo satisfecho. La segunda es porque llegaste a la mesa, ofreciste tus servicios de entretenimiento y no estaban interesados. Y la tercera es por situaciones inesperadas, tales como un efecto mágico que a alguien no le gustó (perfectamente puede ocurrir) , o notaste que no hayas conectado con el público y/o el público haya perdido el interés en la magia, también es buen momento de cortar la actuación y retirarse, pero, en cualquiera de los casos, lo importante es dejar la mesa con gracia y elegancia. Recuerda que en todo momento estás representando al restaurant y como representante del restaurante, deberías tratar de dar la mejor impresión en nombre del local. Sólo necesitas ser extremadamente educado y cortés. En cualquiera de esos casos, deberías agradecer la oportunidad que te dieron de acercarse a su mesa, esperando que se hayan divertido y, si no pudiste hacerles magia por la razón que sea, no retirarte sin dejarles saber a los comensales que vas a estar allí para cuando ellos te necesiten y,si en algún momento quieren ser entretenidos, que no vacilen en hacértelo saber y allí estarás. Recuerda que en ese momento no te quisieron ver, pero probablemente en otra oportunidad sí. Y si pasaron un ameno rato contigo, es muy probable que quieran regresar al restaurante a verte, de manera que en cualquiera de los casos se muy cortés, muy educado y siempre con una sonrisa despídete de la mesa quedando siempre a la orden. Puede ocurrir que ya necesitas retirarte y quieren ver otro acto, es decir, quieren ver más magia. En este caso, puedes excusarte diciéndoles que tienes otras mesas que **deberías** atender y/o que te están esperando y que con gusto si te desocupas antes de que ellos se hayan retirado, regresarás a mostrarles una rutina más. En todo caso, hazles saber los días que actúas en el restaurant y que los invitas a regresar en uno de esos días.

CAPITULO 6

COMO INDUCIR LAS PROPINAS.

Las **propinas** -en el ámbito de la magia en restaurantes- es un tema importante, muy preguntado, muy controversial y muy debatido entre los profesionales de este oficio. Particularmente yo no soy fanático de trabajar por propinas, de jugar el juego de sacarle del bolsillo dinero al público. En mi primer libro, acerca del negocio de la magia de restaurantes (Detrás de Cámara del Negocio de la Magia en Restaurantes, Por Juan Drake) donde explico las razones por las cuales no estoy de acuerdo con las propinas, comento en detalle que me interesa más que el público me pida una tarjeta de presentación, ya que dándome una propina de $20 (por decir un numero) ellos se sentirán satisfechos y que la contraprestación ha sido cumplida bajo ese monto. Mientras que si, en vez de darme la propina, logro que me pidan una tarjeta de presentación, esos $20 se transformarán en $300 (por decir otro número) que es el precio de un espectáculo de magia infantil. Ahora bien, ¿supongamos que te interesa perseguir propinas del público, como podrías hacerlo? En **mi experiencia,** la **mejor** manera es ***haciéndole pasar un momento realmente bueno a tu público***. Si ellos pasan un momento increíble, no dudes que querrán como agradecimiento darte dinero o, mejor dicho, gratificarte con una propina. Eso funciona en la mitad de los casos sin inducir nada. Ahora, si tú quieres forzar a que te den dinero en forma de propinas, hay varias vías y, las que mejor resultado me ha dado, es haciendo efectos mágicos donde el dinero esté involucrado. Pedir prestado un billete para un efecto mágico, inclusive, exigir que sea un billete de alta denominación, causa **risas nerviosas** en el público, y empieza a hacer divertido el hecho de tener dinero sobre la mesa, porque ya el ellos sospechan que algo le puede pasar al billete. Lo que si no deberías hacer es romper un billete ni maltratarlo delante del público. No hace falta. Cuando el dinero esté afuera, es más fácil que la audiencia te lo entregue que volverlo a guardar en la billetera. Trata de pedirle a los caballeros el dinero, que son quienes normalmente tienen el poder de decisión en el aspecto económico. Una vez tengas el billete en tus manos, puedes hacer efectos como el **cambio de billete**, que genera muy buena reacción o también el **bolígrafo a través del billete**, es decir, **la penetración del billete con el bolígrafo**. Ésos dos efectos mágicos, a mí, me han generado más dinero que lo que debo haber percibido de algún restaurant que trabaje en mis inicios. Hay gente que utiliza líneas y frases como: "No me aplaudan, tírenme dinero" o, cuando le dan un billete, puedes decir:"esta es la propina más grande que he recibido el día de hoy!!". Esta última frase, además implica que tú aceptas y recibes propinas y ya quedara de parte del público en dártela o no. No deberías condicionar tu trabajo en restaurante si estás siendo pagado, a trabajar por propinas. Pienso que cuando uno trabaja por propinas y no te va bien en determinado día, vas a empezar a hacer el trabajo de **mala gana** y eso va a mermar el nivel de tu actuación. Definitivamente prefieres garantizar tu salario para no irte desanimado un día y así evitar no dar lo mejor de ti en. Eso lo explico muy bien en mi primer libro. Si te interesa sacar propinas con los efectos mágicos que te mencioné, te garantizo que el dinero va allegar solo. La gente te va a preguntar si te pueden dar una propina, y en ese caso es muy importante que digas no es necesario, pues el restaurante te está contratando para entretenerlos. Pero si es de su agrado, con mucho gusto la vas a recibir. En resumen, el juego consiste en tener el dinero afuera de la billetera, en la mesa. Al tener el billete en la mesa es mucho más difícil, que lo guarden a que te lo entreguen. ***Para generar la propina con éxito, el secreto es que el público pase un momento increíble.*** Si tu logras eso, puedes estar seguro de que el dinero te lo van a dar. Demás está decir, bajo ningún concepto, puedes guardarte el dinero e irte sin preguntar, asumiendo que es una propina. Tienes que estar seguro de que es una **propina**. Estoy seguro, que no quieres tener ningún tipo de problemas con el dueño del restaurante por algunos dólares. Una última consideración: si decides aceptar propinas, deberías aceptar el billete de $100 o las monedas, y con el mismo gusto y felicidad dar las gracias por el detalle. Si no quieres pasar por situaciones como estas simplemente, no las aceptes.

CAPITULO 7

SELECCIÓN DE LA MAGIA PARA TRABAJAR EN UN RESTAURANT.

Antes de empezar mis recomendaciones sobre la selección de magia a presentar en un restaurant, quisiera hablar de algo muy importante que es, el **tiempo de trabajo** en una mesa. Tu presentación en una mesa no debería durar más 10 minutos. Necesitas hacer en promedio de 5 a 6 mesas por hora. Cuando una mesa agrupa muchas personas (de 8 en adelante) o las horas que te corresponden en el restaurant están lentas, es decir, sin mucha afluencia de clientes, este tiempo lo puedes extender. Si puede ser menos tiempo, mejor. Esto no significa que vas a cortarles el acto, pero tampoco debes tomar en cuenta que no quieres saturar a los clientes. Además, no querrás agotar todo tu material con ellos, necesitas guardar algo en caso de volverlos a ver. Recuerda que debes atender la mayor cantidad de mesas posibles, así que 3 rutinas en cada mesa son suficientes.

Ahora bien, en cuanto a la selección de magia para trabajar en un restaurant, mis lineamentos son los siguientes: todo acto que quepa en la categoría de ***magia de cerca*** -y dependiendo de los ángulos- algunos de parlour- es apto para trabajar en restaurant. Con respecto a la **magia a utilizar**, compartiré lo que me ha funcionado a través de los años. Lo que he probado y comprobado, en cualquier cantidad de situaciones.

Tu repertorio debe contener:

Una buena rutina de naipes: los naipes son muy populares en el trabajo de magia de cerca. La rutina debe ser visual y fácil de seguir. Debe ser corta también, no mas de 4 minutos. Descubrir una carta escogida por un espectador, hacer una transformación, una desaparición y aparición en el bolsillo, es material suficiente para demostrara buen poder mágico. Evita aquellos actos donde el espectador tenga que seguir instrucciones complicadas, tales como, hacer cálculos matemáticos profundos o contar y repartir cartas. Toman mucho tiempo y, por las condiciones donde estas actuando, es muy fácil perder el hilo. Haz algo más directo en su lugar, como, por ejemplo, una rutina de carta ambiciosa. No recomiendo el uso de cartas trucadas, no quieres que te pongan en entredicho al momento de que te pidan examinarlas (cosa a la cual no accedo así no tenga nada que esconder) pero, los actos que podría recomendarte con barajas preparadas son el

Cardtoon de Dan Harlan y el Mazo Invisible. El "Royal Road toCard Magic" de Frederick Braue y Jean Hugard te podrá dar unos lineamientos para crear tu propia rutina con un paquete normal de naipes.

Juan Drake efectuando una rutina de **naipes**

Una buena rutina con monedas y billetes: un par de desapariciones y terminar con una moneda gigante, siempre es una buena rutina. Puedes consultar la The New Modern Coin Magic por J.B. Bobo para buenas ideas y pases mágicos. La moneda en la botella, el vuelo de las 3 monedas de Daryl, la penetración de un billete con el bolígrafo y el cambio de billete, son actos que no solo te darán reputación, sino te generarán propinas al utilizar billetes.Por supuesto, tendrás que pedirlos prestados.

Una buena rutina de esponjas. Puedes usar las clásicas pelotas de esponja o en su defecto, los conejitos de esponja, que son increíbles para los niños. Te recomiendo, en mi concepto, el mejor tratado del mercado con respecto a las esponjas, "Esponjas y algo más" por Gran Henry.

Además, todas estas recomendaciones tienen dos cosas en común: no son magia que cualquiera puede hacer, es decir, hay que dedicarse y practicar, lo que se traduce en que, si cuentas con algún mago aficionado en el público, de seguro no manejara este nivel, evitando las incomodas situaciones de los sabelotodo y, por otro lado, estos materiales que te estoy recomendando son de bajo costo y además creadores de reputación. Ahora, si deseas invertir un poco más en tus artículos mágicos y rutinas a presentar, continúo:

Una buena rutina de cubiletes: mi pasión son los cubiletes y las pelotas. No concibo ningún efecto que me haya traído más satisfacciones como el efecto de magia más ancestral de todos. Hay miles de variantes, a un solo cubilete o a varios cubiletes. Puedo recomendarte estudiar la rutina de Tommy Wonder de dos cubiletes que es apta para trabajar en mesas y sin bolsillos y, en el caso de 3 cubiletes, la rutina de Tom Frank, quien considero que tiene un nivel técnico bastante alto, pero sobre todo muy amistosa y divertida de practicar. Los cubiletes tienen toda la magia que podrías mostrar y el resultado final no será otra cosa que una buena reputación y el asombro del público en su máxima expresión. También puedes probar una rutina de CHOP CUP.

La casa Morrissey, quien ya no fabrica mas los Chop Cups, tiene una buena rutina que es en realidad, parte de la rutina original de su creador Al Wheatly. La Enciclopedia Tarbell, en su tomo 6, tiene una muy buena rutina con un solo cubilete, por si te interesa indagar un poco más.

Juan Drake *y* ***Tom Frank*** *conversando acerca de los cubiletes*

Las anillas chinas pequeñas: mejor conocidos como los **Ninja Rings**, popularizados por Shoot Ogawa, es una rutina que, si bien necesita mucha práctica, es un arma que podrás utilizar toda tu vida y siempre estará lista en tu arsenal. Aplica con música o hablada. Altamente recomendada para el trabajo de restaurant.

Juan Drake *ejecutando las* ***anillas chinas*** *para magia de cerca*

El vuelo del anillo (Ring Flight): un efecto que siempre querrás tener a mano y con todas las bondades para crearte una gran reputación. El mejor accesorio en el mercado en mi concepto y más a la moda, es el "Ring Flight Revolution". Altamente recomendado. Existen versiones económicas, pero esta que recomiendo es extremadamente durable y confiable.

Con estas herramientas, te garantizo que podrás hacerte nombre artístico en un restaurant y en la medida que tu público o tu apretada agenda te lo exija, podrás hacer crecer tu repertorio. Recuerda mi recomendación inicial: "todo acto que quepa en la categoría de **_magia de cerca_** -y dependiendo de los ángulos- algunos de parlour- es apto para trabajar en restaurant" es tu decisión, pero, los que aquí te cité, son mi recomendación. Me han funcionado a mí, seguro que a ti también.

Es cierto, quizás estas rutinas mágicas, sean una parte minúscula del repertorio de cualquier mago profesional, pero, la pregunta es, ¿hace falta más? Nuevamente, en mi opinión, no lo creo. Hay tantas variantes con los efectos que he mencionado, que no tendrás problemas para el caso de audiencias repetidas para hacer nuevas combinaciones y variantes.

Siempre ha sido un tema de discusión, **como llevar el equipo para el trabajo de un restaurant**. Tengo años usando el mismo sistema y sigue siendo mi mejor opción. Se trata de una mochila para artículos electrónicos. Puede ser de las que se usan para llevar las computadoras portátiles o para los equipos fotográficos. Hay de diferentes tamaños, dependiendo de lo que quieras llevar. Pero la ventaja es que son resistentes, mantienen los equipos seguros por su naturaleza acolchada, poseen gran cantidad de bolsillos independientes y son muy elegantes a la vez que reflejan buen estilo. Te recomiendo colores oscuros por pasar desapercibidos y no ensuciarse con facilidad. Además de ser cómodos al momento de transportarlos. Hay diferentes marcas, dependiendo de tu presupuesto, pero el que selecciones, estará bien.

En cuanto al orden de presentación de los efectos, siempre puede ser variable tomando en cuenta el tipo de público. Pero lo ideal es abrir con algo visual, estableciendo **tu posición de mago** (concepto discutido en el siguiente capítulo, pero, para los ansiosos y evitar angustias innecesarias, me refiero con **posición de mago,** a que tu publico te reconozca y acepte como un profesional y artista de alto nivel**),** y siempre, deja para el final tu efecto mágico mas poderoso. Es la última impresión que quieres dar al momento de retirarte. No deben faltar efectos que terminen en la mano del espectador. Las personas deben sentir la magia en si mismos.

Para finalizar este capítulo, mencionare algunas cosas que considero según mi experiencia, que debes evitar al momento de seleccionar tu repertorio para presentar magia en un restaurant:

- Evita actos de doble sentido, no hace falta recurrir a esta herramienta cuando se trata de entretener en un restaurant.
- Evita actos de faquirismo, aquellos donde podría haber sangre, saliva u algún otro fluido corporal.
- Evita actos que puedan ofender religiosamente a alguien.
- Tocarse o sacarse objetos de la boca, no es buena idea. Mucha gente podría sentir

repulsión o asco. Recuerda que estás en un lugar donde las condiciones de higiene deben ser las mejores.

- Evita actos donde puedas poner en riesgo la salud mental, corporal o seguridad de los clientes, inclusive, la tuya propia. Es un mal espectáculo si logras dañarte a ti mismo delante del público, sobre todo cuando están tan cerca de ti.
- Evita actos que no sean a prueba de ángulos. Las otras mesas podrías saber el secreto antes que te les acerques y hacerte pasar un momento realmente incómodo. Protege el secreto en todos los aspectos.
- Evita actos que tengan una preparación muy elaborada y que no puedas reiniciarlos fácilmente. No quieres irte a esconder en el baño después de cada actuación. Guarda esas herramientas solo para ocasiones importantes.
- Evita utilizar elementos baratos, si fuese el caso. Los materiales y accesorios que utilices deben ser de una muy buena calidad. Si los artículos, vestimenta o aparejos que utilices son de calidad, el público, asumirá que lo que le vas a mostrar será de calidad.

Abusar de la magia que haces, en los términos que te recomiendo según mi experiencia, podría no solo generarte un problema, sino también al restaurant. Nadie, quiere eso. Usa tu buen juicio, y si puedes evitar situaciones incomodas o de peligro, pues, hazlo.

CAPITULO 8

TIPOS DE PÚBLICO.

Saber a qué tipo de público te vas a enfrentar es muy importante, veamos de cerca cual puede ser tu audiencia.

Las parejas: como ya es notado, en mi concepto, yo no les actuó a parejas. La razón es porque cuando dos personas llegan a un restaurant, lo más seguro es que vayan a tratar algún asunto privado importante. Es una cita. Probablemente no vayan a tratar un asunto delicado, pero quizás, son personas que tenían tiempo sin verse, se quieren poner al día y tiene mucho de qué hablar. Definitivamente no es una buena idea "interrumpirlos", a menos que ellos soliciten tus buenos oficios. Recuerdo una vez, hace muchos años, me le acerque a una pareja conversando y sucede que estaban hablando del divorcio. En aquel momento, llegué con mi cara de felicidad y mi sonrisa a entretenerlos, yendo completamente en contra de mi actual juicio (fue hace años). Lo cierto fue que la pareja se estaba divorciando y al llegar allí, los ayudé a pasar de lo que era un fuerte momento, a convertirlo en algo llevadero y muy agradable, ¿y adivina?¡No se divorciaron! Por lo menos en corto plazo. Lo terminaron haciendo eventualmente, pero no se divorciaron en aquel momento. Esto lo sé porque me encontré al caballero después y me hizo la anécdota que mientras estaban hablando del divorcio, yo llegué y los "interrumpí", les hice algunas demostraciones de magia y empezaron a reír dándose cuenta de todas las cosas que tienen en común, delo bien que lo pueden pasar juntos, decidiendo intentarlo una vez más. Como dije al final, no se dio una reconciliación permanente, pero ese tipo de satisfacciones en el trabajo de restaurante, si lo haces con corazón y pasión, son frecuentes. En conclusión, mi recomendación, es no trabajarles a parejas a menos que ellos soliciten el entretenimiento. Si el ambiente mágico del restaurant, está en su punto, por el comportamiento del público de otras mesas, de seguro querrán ser entretenidos. Prueba y veras.

Adultos y Niños (grupo familiar): Los niños son la oportunidad perfecta para demostrar tu capacidad de entretenimiento familiar en un restaurant. Si le gustas a los pequeños, tendrás trabajo garantizado por una buena temporada. Deberías tener siempre en mente, que, aunque *no seas un* **mago infantil** *de oficio*, los niños querrán ir al restaurant a verte si los haces pasar un momento agradable. Sin contar lo complacidos que estarán sus representantes de que alguien tome en cuenta a sus hijos y los trate de la mejor manera posible. Además, los adultos siempre agradecerán tener a alguien que los distraiga mientras quizás ellos, en vez de ver la magia, puedan conversar un rato sin preocuparse que los niños se impacienten o, en otras palabras, se aburran. Te recomiendo llevar material mágico adaptable para ellos, magia divertida y que sea en buena parte interactiva, es decir, que los niños participen.

Esponjas en forma de distintas figuras, naipes más amigables, artículos con los que ellos estén familiarizados (creyones, pequeños juguetes o cosas que estén de moda) son ideales para ayudarte a mantener su interés. Los obsequios (como, por ejemplo, los globos, que además son económicos), siempre son una buena herramienta para llamar su atención y para dejarles algo con que entretenerse y recordarte. Asegúrate que los representantes están de acuerdo con entregarles algo y hazle saber que siempre es cortesía de la casa. Tu misión es entretenerlos así que, todos los recursos que puedas aplicar son válidos dentro de las limitaciones para todo público. Es válido entretenerlos a todos (niños y adultos a la vez) o por separado (solo a los niños, en caso de que haya una mesa solamente para ellos). Toma en cuenta tu buen juicio y decide como deberías hacerlo. Mi recomendación es muy sencilla. Actúa para todos, asombra a los adultos (quienes al final son los te contratarán o te darán las propinas) y entretén a los pequeños.

Adultos: Cuando se trata de entretener a un grupo de adultos sin niños, deberías tomar en cuenta muchas veces cual es la razón de por qué están reunidos en el restaurant. Definitivamente la experiencia te dirá cuál es la razón de su velada. Puede ser que quieran conversar sin ser interrumpidos o puede ser una reunión de negocios. Ese tipo de público tiene la ventaja que, si logras llamar su atención y haces tu trabajo como debe ser, serán clientes que regresarán al restaurant con otros amigos o, mejor aún, con sus hijos con la intención de disfrutar nuevamente tu espectáculo. Una buena idea para abordar a este tipo de público es, sin intención de actuar inmediatamente, presentarte, haciendo la salvedad que trabajas para el restaurant, diciéndoles que eres el entretenimiento regular del lugar y que tu misión es asombrarlos con magia. Si desean, puedes acercarte luego por ningún costo y hacerles un par de demostraciones. En la mayoría de los casos, te pedirán que los entretengas de una vez, si no, ya ellos saben que estas allí para su disfrute y en cualquier otro momento más apropiado (después que termine la comida, por ejemplo) abordarlos con mayor seguridad y hacerles un par de rutinas, de seguro que no te dirán que no.

Grupo de Adultos con **Juan Drake**

En cuanto al tipo de magia, si son solo adultos, la magia con la que abras debe ser mas asombrosa que divertida. Esto es por aquello que tú necesitas que vean cuan profesional eres y no que simplemente eres un joven que amaneció un día y fue a una tienda de magia, compro un par de "trucos" y el dueño del restaurant te dejo hacerlos alos comensales. A esto, a mostrarte profesional en la magia, es lo que yo llamo establecer **tu posición de mago**.

Luego de establecer tu *posición de mago*, puedes ir a la parte divertida o de comedia de tu espectáculo y cerrar con un acto que haga que al final, te pidan una tarjeta y/o regresen otro día con sus amigos y niños porque quieren que vean al mago que una noche, después de la cena, los impresiono. Esto también aplica para los adultos mayores, quienes son un público increíblemente receptivo. Imagina que son niños que les puedes hablar como adultos. Generalmente los "abuelos" son las personas más importantes en las mesas y son en realidad, después de los niños, a quienes tienes que agradar. Siempre trátalos con respeto y hazlos sentirse tan cómodos y "héroes" como puedas. Si consigues esto, el éxito está garantizado.

CAPITULO 9

SITUACIONES ESPECIALES EN EL RESTAURANT.

Durante tu tiempo de trabajo en el restaurant, pueden ocurrir situaciones muy particulares que hay que saber abordar, voy a mencionarte las que me llaman más la atención:

El **ego**: en alguna oportunidad, aunque hayas hecho pasar un rato muy agradable al público, por imprudencia o no (no muchas veces serán agradables), te harán preguntas acerca de tu vida personal. Debes estar preparado y entender que muchas personas creen que hacer magia es una afición o una profesión para alguien que no tiene ningún futuro. Todos sabemos que no es así, y a veces con mucha educación, hay que instruirlos. Recuerdo una vez, trabajando para una mesa de 20 personas aproximadamente, sin duda era una reunión familiar, y yo me acerque a entretenerlos. Pasaron un rato increíble. Al final, el abuelo, quizás el "jefe" de la mesa, (quien por cierto, pareció haber pasado también un buen rato), yo, estando a su lado, empieza a señalar a sus hijos o esposos de sus hijos, no estuve muy claro), nombrando universidades, aquel que esta allá, Universidad Central de Venezuela, el que está al lado, Universidad de Oriente, ese que está allí, Universidad Católica Andrés Bello… y así continuó con 3 personas más. Al terminar, voltea los ojos hacia mí y me dice en tono un poco despectivo, ¿y tú? (por supuesto, a viva voz y delante de todos). Uno de sus hijos,antes que pudiera decir nada, se me adelanto y respondió por mí: "de la universidad de la vida, papá…" con un tono de vergüenza. Yo, sonreí y mire al hijo, diciendo: "efectivamente, la universidad de la vida me ha enseñado mucho" manteniendo la sonrisa para luego mirar al abuelo y responderle, con la misma sonrisa: "Además de eso, soy egresado como Abogado de la Universidad del Zulia, hice carrera administrativa en el Registro Mercantil Cuarto de la Circunscripción Judicial del Estado Zulia, tengo especialidad en Oratoria Forense e hice pasantías en el Tribunal Cuarto de Primera Instancia en lo Civil y Mercantil del Estado Zulia. Pero hace ya mucho que no ejerzo, me dedique al negocio de la magia y gracias a Dios me va muy bien, que,por cierto, lo he estudiado alrededor del mundo: Argentina, Colombia, Perú, Estados Unidos y mi querida Venezuela". Evidentemente, se imaginan la cara del abuelo, sus felicitaciones nerviosas y el aplauso de los demás comensales. A veces pienso que no había necesidad de responderle nada, pero mi otro yo, piensa que a las personas hay que educarlas. Nunca midas a alguien por lo que hace o como se ve, te puedes llevar una sorpresa. El caso es que, en estas situaciones, mantén la sonrisa y respira profundo, no caigas en la guerra de egos. Eres un artista y compórtate como tal.

Personas con **Discapacidad**: debes estar atento en cuanto a las personas que poseen una condición especial y que visitan el restaurant. Son muchas las situaciones con las que tendrás que tratar, pero independientemente lo que tengas que enfrentar, solo aplica en su máxima expresión la cortesía y compasión. Personas con condiciones de autismo, síndrome de Down, asperger, inclusive invidentes, son algunas de las personas que podrías encontrarte en un restaurant y que quizás tengas que entretener. Hazlo con mucho cariño y paciencia. Sus familiares te lo agradecerán infinitamente. No se trata de dedicarles todo el espectáculo, pero si tomarlos en cuenta con buena disposición. Decir una palabra mágica, soplar, sacarles una moneda detrás de la oreja, son cosas que aplican perfectamente en esta situación sin riesgo que tu magia no funcione por la imposibilidad de seguir instrucciones, que, dicho sea de paso, es el inconveniente más común. Recuerda que son fácilmente impresionables y son sensibles a los ruidos fuertes. Sin embargo, trátalos como tratarías a cualquier otra persona, pero solo con un poco mas de paciencia. Será muy gratificante desde el punto de vista espiritual. Solo para que reflexionen, les cuento que uno de mis mejores espectadores en toda mi carrera profesional en el trabajo de restaurant, fue un invidente.

Los **saboteadores** y los **ebrios**: los saboteadores o "sabelotodo" son las personas que creen que saben de magia. Son los que tratan de hacerse los graciosos mientras estas actuando, diciéndole a los demás como se hace (o como creen ellos que se hace) la magia. Cuando consigues este tipo de personas, yo tengo una opinión muy clara al respecto. No tiene ningún sentido caer en una guerra de egos con esa persona. Una vez que lo identifiques, lo mejor es ignorarlo y dejar la mesa con elegancia y estilo muy políticamente. **No tiene caso hacer magia a personas que no quieren ver magia**. Este libro no es un tratado de magia en bares y donde tienes que lidiar con personas que hayan ingerido grandes cantidades de alcohol. Mi experiencia me ha enseñado, después de ser imagen y entretenimiento de la segunda marca de cerveza en Venezuela durante 10 años, que, en un restaurant, es muy extraño toparte con este tipo de público, pero sise diera el caso, lo mas indicado es no atenderlo. Las personas cuando están bajo la influencia del alcohol (o drogas, que también aplica), no razonan ni coordinan correctamente. ¿Entonces, como pretendes que alguien así siga instrucciones? ¿O que se comporte civilizadamente? Evítalo a toda costa y te ahorraras la posibilidad de tener un problema, porque, si, es cierto, las personas ebrias, causan problemas.

***

PENSAMIENTO FINAL.

La magia en restaurantes además de ser apasionante es un trampolín al estrellato, si lo entiendes y tomas con la seriedad que implica. Espero que esta lectura te haya inspirado a perfeccionar el arte de entretener con magia en locales de expendio de alimentos y que algún día puedas compartir conmigo tu propia experiencia. Muchos éxitos te auguro y espero hayas disfrutado la lectura, tanto como yo lo disfrute escribiendo.

Juan Drake, octubre, 2016